Caillou MD

Olympiques entre amis

D1073722

Adaptation du dessin animé : Kim Thompson
Illustrations : Eric Sévigny, d'après le dessin animé

chouette   dhx media®

Caillou et Léo s'amusent ensemble lorsque Clémentine se joint à eux.

– Regardez mon ruban. Je l'ai gagné au concours de natation !

– Bravo ! L'été dernier, j'ai gagné un ruban à la course à pied, dit Léo.

Caillou aime beaucoup le ruban de Clémentine.

– J'aimerais tellement en gagner un, moi aussi.

–Tu viens de me donner une idée, Caillou. Pourquoi
ne pas organiser des Jeux olympiques, ici dans notre jardin ?
propose mamie.
–Les gagnants auront des rubans ? demande Léo.
–Bien sûr, je peux en fabriquer, répond mamie. Qu'est-ce
que vous en dites ?
Clémentine et Léo sont ravis, mais Caillou hésite.

La première épreuve est une course talon-orteils.
– Vous devez marcher un pied devant l'autre en collant votre talon contre les orteils de l'autre pied. Vous êtes prêts ? Partez !
Marcher les pieds collés, c'est drôle mais difficile. Caillou fait de son mieux. Clémentine est la plus rapide.

−Voici maintenant l'épreuve du plus grand sourire, annonce mamie. Tout le monde dit « ouistiti ».
Mamie compare les sourires avec un ruban à mesurer.
−C'est Mousseline qui gagne ! Je crois que cette petite fille s'est beaucoup entraînée !
−Ouf, j'ai mal à la mâchoire, dit Léo. On peut arrêter de sourire ?

Caillou est déçu.
—Qu'est-ce que tu as, Caillou? s'inquiète maman.
—J'aimerais gagner un ruban, moi aussi.
—Continue d'essayer, lui dit maman. N'oublie pas,
ce sont des jeux et les jeux sont faits pour s'amuser.
Caillou sait que maman a raison. Il veut s'amuser
et ne pas s'en faire pour les rubans.

– Quelle est la prochaine épreuve ? demande Caillou.
– Une course à obstacles, dit mamie. Vous devez d'abord
sauter sur les coussins, puis lancer le ballon dans le panier,
faire le tour du panier et, à la fin, revenir à la ligne
de départ.
Caillou aime ce genre de course. Il a hâte de commencer.

–À vos marques, prêts, partez !
Caillou s'élance. Il imagine qu'il est un athlète olympique qui court et qui saute par-dessus des obstacles. Il est dans un stade immense, encouragé par les spectateurs.
–Quelle finale incroyable ! s'écrie le présentateur. Caillou est en tête et la foule crie son nom.

Caillou est tout près de la ligne d'arrivée quand Gilbert passe en courant. Caillou freine brusquement. Clémentine et Léo lui foncent dessus et ils tombent par terre.

Mamie remet un ruban à Léo.

—Je crois que tu as été le premier à tomber sur la ligne d'arrivée. Quelle finale !

Caillou s'amuse tellement qu'il en oublie les rubans et la victoire.

Pour la dernière épreuve, les enfants doivent se fixer du regard et rester sérieux.
—Ni sourire, ni rigolade, prévient mamie.

Mousseline rit dès le départ, ce qui fait sourire Clémentine.
—Mousseline et Clémentine sont éliminées, annonce mamie.
Il ne reste plus que Léo et Caillou.

Caillou a envie de rire, mais il reste concentré. Son visage est figé comme un masque.
Il regarde Léo. Léo le regarde. Puis... Léo se met à rire.
—Caillou, tu es si drôle ! pouffe Léo.
—Caillou est le gagnant, annonce mamie.
Tout le monde applaudit.

Caillou rayonne de bonheur.
—C'est le premier ruban que je gagne!
—Il me reste un ruban, dit mamie. Que diriez-vous
de le remettre à Gilbert pour le meilleur ronron?
—Bravo, Gilbert! s'écrient les enfants.
Gilbert se met à ronronner.

Texte : adaptation par Kim Thompson du dessin animé CAILLOU, produit par DHX Media inc.
Traduction : Patricia Bittar
Tous droits réservés.
Scénario original : Mary Mackay-Smith
Épisode original n° 302 : Faire de son mieux
Illustrations : Eric Sévigny, d'après le dessin animé CAILLOU

Les Éditions Chouette remercient le Gouvernement du Canada et la Société de développement des entreprises culturelles du Québec (SODEC) de leur soutien financier.

Crédit d'impôt livres

Gestion SODEC

Catalogage avant publication de Bibliothèque et Archives nationales du Québec et Bibliothèque et Archives Canada

Thompson, Kim, 1964-
[Caillou : the backyard Olympics. Français]
Caillou : Olympiques entre amis
(Château de cartes)
Traduction de : Caillou : the backyard Olympics.
Pour enfants de 3 ans et plus.

ISBN 978-2-89718-312-7

1. Jeux olympiques - Ouvrages pour la jeunesse. I. Sévigny, Éric. II. Titre. III. Titre : Caillou : the backyard Olympics. Français. IV. Titre : Mini-jeux olympiques. V. Collection : Château de cartes (Montréal, Québec).

GV721.53.T5614 2016   j796.48   C2015-942345-7

Imprimé au Canada
10 9 8 7 6 5 4 3 2 1   CHO1970 APR2016

MIXTE
Papier issu de sources responsables
FSC® C103304